华东师范大学

西文藏书票

图录选刊

胡晓明 魏明扬 主编

U0331175

华东师范大学出版社

主　编　胡晓明　魏明扬

副主编　回达强

撰稿人　韩　进　周保明　郑晓霞　李善强
　　　　回达强　阎　琳　叶宪允　曾庆雨

翻　译　张　韵

扫　描　胡　慧

目录

芝草琅玕日应长（序）

一

藏书票一词是拉丁语"EXLIBRIS"的意译。它既是标志藏书所属的凭信，又是传递相关图书文化信息的一个小小的窗口，被誉为"纸上宝石"。

除了少量只有文字、了无图饰的藏书票外，图文一体是藏书票的常例。它们往往贴于书籍的首页或扉页，既有明显的实用性，也可起到美化装饰的功效。藏书票的画面取自生活场景、自然风貌、文学艺术、宗教神话等，不一而足。藏书票上的文字，最典型的是表达书籍所有的"EXLIBRIS"加上藏主姓名。此外，英文的"From the Library of"加票主名字、中文的"某某藏书"等表达所有权的文字也很常见。

在拉丁语中，"EXLIBRIS"本意是"来自××的藏书"。其蕴含着藏书属于私人的意味。但是，今天研究界把公共图书馆、组织机构、出版单位等宣示藏书所属的小幅版画也归入藏书票的范围。

藏书票起源于十五世纪的德国，距今有五百余年的历史。之后，藏书票逐渐传播到西方各国。最初，藏书票是王室、贵族与教士阶层的专属。及至近代，它已为社会各个阶层广泛使用。而藏书票也由华贵、繁复但呆板的面貌，一变为简洁明快、富有生活气息的新风尚。

在明清时期，伴随中西方的交往，已有藏书票零星传入中国。鸦片战争之后国门日渐洞开，更多的西方人士来华贸易、传教、办学与居留，更多的藏书票得以跟随他们所携之书进入中国。有的来华人士，还开始制作带有中国元素的藏书票。同一时期，国人赴欧美、日本留学的热潮亦在悄然兴起。这些留学生学习西方文化的同时，也习惯了使用藏书票。二十世纪三十年代，中国的文化阶层开始对藏书票产生兴趣。如鲁迅、叶灵凤等都是藏书票的制作者。由于木刻家李桦以及燕京大学图书馆等名人名馆率先使用了藏书票，藏书票在三十年代风靡一时。自此，我国的藏书票有了中国的风韵。

二

作为华东师范大学前身的大夏大学、光华大学，以及有重要院系划入华东师范大学的圣约翰大学、沪江大学，因西文文献的大量汇集，遂成为藏书票的富藏之所。其中，以圣约翰大学西文藏书与藏书票的藏量最引人注目。

圣约翰大学创立于 1870 年。有"东方哈佛"的美誉。在校长卜舫济治校期间，推行英语教学方案，除国文外，其他学科教学悉用英语。教学需求直接导致西文文献成为采购的大宗。其次，作为教会大学，圣约翰大学与西方政府机构、教会组织、社会团体、高等院校间有着交往联系的天然孔道，获捐的西文图书也非常多。此外，私人捐赠也不在少数。如圣约翰大学图书馆名为罗氏图书馆，就是为了纪念纽约罗氏兄弟（Seth Low & William Low）的捐助义举。值得一提的是，学校的教职工捐献的西文藏书也不少。这些在藏书票上都有体现。

沪江大学创办于 1906 年，初名浸会神学院，后发展成文、理、商兼善的综合性大学。在民国间上海的大学之中，其商科与化学更是名列沪上榜首。1928 年刘湛恩担任校长之后，他力倡学以致用，沪江大学得到了更大发展。在沪江大学，教科书，尤其是理工类教科书的选用，多为英文原版教材，大量的西文资料成为必需。因此，根据统计，历经抗日战争的兵燹，沪江大学的西文图书还多达 48 315 册。

大夏大学创立于 1924 年，是爱国师生因学潮从厦门大学脱离出来而在上海创办的。大夏大学是上海私立大学中的巨擘，甚至有业内人士称之为"东方哥伦比亚大学"。因教学需要，大夏大学的西文藏书总量也很多。

光华大学创立于 1925 年。1925 年 5 月 30 日，上海爆发了震惊中外的"五卅运动"。这一反帝爱国的运动得到圣约翰大学广大师生的积极响应，但遭到校方无理阻挠。部分师生毅然脱离圣约翰大学。在社会各界的支持下，他们另创光华大学。虽然光华大学是因反对圣约翰大学而产生的，但它仍采用圣约翰大学的办学理念，因此也十分重视英语教学和西文文献的采购。

中华人民共和国成立不久，这四所大学在院系调整的浪潮中全部谢幕。但是，它们的教学科研人才进入新的高等学府继续贡献智慧，而那些曾支撑教学科研的西文文献与所附的藏书票也进入新的单位庋藏。因为历史的机缘，这些西文图书与藏书票中的部分，得见于华东师范大学。

此外，名校如暨南大学、齐鲁大学、金陵大学等公藏机构的藏书与藏书票，名人如叶灵凤、邵洵美、维克多·沙逊、莫理循等私人的藏书与藏书票，也凭借各自的因缘际会进入华东师范大学，与我们相逢。

当我们翻开颜色略略发暗的图籍，仔细端详映入眼帘的藏书票，那些曾经辉煌的校名，那些有关书与人的故事又走出记忆，引发学校文脉与历史传统的思绪。

三

在华东师范大学图书馆十数万册的西文旧藏中，披沙拣金，我们觅得藏书票一百余种。这些藏书票的主人多为西方人士或机构，其中美国、英国的居多，澳、法、意等国的也不稀见。此外，还有部分藏书票属于中国人或中国的公共机构。这些藏书票多制作于十九世纪后期到二十世纪前期之间，时间跨越近百年之久。它们是中西文化交流的具体记录，是藏书票发展史的形象展示。

每一枚藏书票都是一段历史，每一枚都有一个故事。一枚上海法国租界法律顾问办公室的藏书票，让我们回到闭锁的国门被无情打碎、洋人们趾高气昂出入租界内外的那段丧权辱国的岁月；一幅战争服务图书馆的藏书票，让我们看到热战的间隙士兵们忙中偷闲、苦中作乐的情景；一张库寿龄藏书票，让我们想到西方传教士在华传教、办学的历史，当然，我们也会看到，无论他们来华的初衷为何，其办学活动都给中国教育带来新的气象……

从艺术画面上看，西方文化中的意象占据着藏书票的大部分。硕大的十字架、别致的主教头冠、哥特式的教堂、扬帆的船只、插入瓶中的羽毛笔、代表智慧的猫头鹰、代表勇气的美国鹰、奇异的狮鹫、读书的黑猫，等等，都把我们带入到异域世界。

当然，这些藏书票也并不缺乏中华文明的因子。这是因为，尽管那些西方来华之士大多怀着"中华归主"、教化东土的使命，但他们亦不免为东土所"化"，不自觉地在其藏书票中展现中国文化的精华，如中国特色的石拱桥、亭台楼阁、中国的格言警句等。这让藏书票具有了中国文化的元素。

此外，由于有了中国人的参与，一些藏书票也超越了外来模式，具备了中华文化的观念和艺术气质。如邝富灼藏书票上出现的线装书籍与毛笔，郑相衡藏书票对藏书章的技艺运用，而叶灵凤藏书票中的展翼凤凰和繁花纹饰已完全是东方民族的气象。

这些藏书票有的色彩绚烂，有的黑白相间，有的画面复杂、细致入微，有的简单刻画、耐人寻味，有的只有文字，可谓大行尚简。无一例外，它们都是华东师范大学独一无二的文化财富，是藏书票艺术样式的宝库。

因此，这些藏书票的出版不仅有利于回溯华东师范大学的收藏历史、展现馆藏风貌，还可从一个维度揭示中华文化兼容并包与同化衍新的恢弘能量。

四

华东师范大学的这些藏书票，每一枚都承载着历史，富含着文化。但对大多数普通阅读者来说，它们隐晦于藏书票的票面之后。譬如，欣赏纹章型藏书票需要具备纹章学知识。因为在西方纹章系统中，有着谨严的制度，不掌握这些知识就难以释读其图案的真意。即使是非纹章型的藏书票，若不熟谙其意象传统、谐音文化等，就只能看到表象。此外，虽然大多藏书票都标注藏书票主人的姓名，但不了解其生平履历有时会失去解读藏书票的钥匙。

因此，为了方便读者对藏书票的欣赏，我们努力对每枚藏书票进行翻译、介绍、解读与考索，欲以绵薄之力揭示出这些藏书票更多的秘密与内涵。当然，我们也要承认这确非易事。由于文献的有限与我们能力的不逮，一些谜团还等待着方家解开。

我们都知道，藏书票往往是附着图籍而存在。为了更全面地展示这些藏书票的历史面貌，我们也对藏书票所附书籍的书目信息进行了揭示，并在其后增添译文，聊备需求者参考之用。若蒙业内人士指正，我们也不胜欣幸。

我们要感谢藏书票民间收藏者、阿罡书房主人俞昕罡先生的指导，感谢胡慧老师提供的技术支持。感谢每一个为此次藏书票编辑出版付出的人们。

杜甫《玄都坛歌寄元逸人》云："知君此计成长往,芝草琅玕日应长。"一册在手，方寸传情，满纸皆是华东师范大学图书馆的"芝草琅玕"，传递的是岁月悠长的沉思、前贤书人的忆念，以及文化宝藏的醇厚气息。

华东师范大学图书馆馆长
胡晓明
2018 年 12 月

【私人藏书票之属】

艾德·福维尔藏书票

尺幅 8.7 cm × 5.7 cm

藏书票介绍

这是一幅小型藏书票。画面黑白相间，构图简洁。主画面是一位神秘的女士。她头戴黑色的线帽，帽檐向左右两侧探伸。在网状的面罩之后，眼睛若隐若现。她侧步潜行，腰间斜插一短棒，双手持着一幅展开的画卷。画卷顶端的文字告诉我们此藏书票属于艾德·福维尔（Aide Foville）所有。文字之下是一座令人惊悚的"F"形绞刑架，上面吊着一个受刑者。此藏书票选取绞刑架、短棒入图，令人惊奇，是藏书家在提醒人们不要对他的书心怀不轨吗？

（叶宪允/文）

书目信息

书名

On the Principles of Political Economy, and Taxation

《政治经济学及赋税原理》

作者

David Ricardo

大卫·李嘉图

出版机构

John Murray

约翰·莫里出版社

出版年

1819

爱德华·德坤藏书票

尺幅 6.3 cm × 7.6 cm

LIBRARY

OF

EDW. DEKUM

"And please return it. You may
think this a strange request, but I find
that although many of my friends are
poor arithmeticians, they are nearly all
of them good book-keepers."—Scott.

藏书票介绍

这是一枚小型藏书票。票面以黑色粗线条勾勒出一长方形的图框，框内系纯文字，可分为上下两部分。上半部分为黑体大字"LIBRARY OF EDW. DEKUM"，意即"爱德华·德坤的藏书"。下半部分为五行小字，是对借书者的劝诫语，系引用著名作家司格特的话，大意为："请归还此书。你也许认为这要求很奇怪，但我发现，我的很多朋友尽管算术很差，但几乎无一例外都是优秀的藏书家。"从这些语句中，我们可以看出藏书主人对书籍的珍爱。

（周保明／文）

书目信息

书名

Geography of the Hawaiian Islands

《夏威夷群岛地理》

作者

Charles W. Baldwin

查尔斯·W·鲍德温

出版机构

American Book Company

美国图书出版公司

出版年

1908

爱德华·艾萨克·埃兹拉藏书票

尺幅 6.2 cm × 9.4 cm

藏书票介绍

这枚藏书票为矩形，镂孔状装饰边框，仅在栏框四角有简单的装饰图案，设计极其简洁。票面印有两行文字，首行为使用者名"EDWARD I. EZRA"，次行为地名"SHANGHAI"。 Edward I. Ezra，全名 Edward Isaac Ezra，多译为爱德华·艾萨克·埃兹拉，他是英籍犹太富商，出生于上海。其家族于十九世纪末来到上海，以鸦片贸易起家，发展成为沪上巨贾。

（郑晓霞／文）

书目信息

书名

The Guide of the Perplexed of Maimonides, Vol. I

《迷途指津: 迈蒙尼德斯（第 1 卷）》

译者

M. Friedlander

M·弗里德兰德

出版机构

Trübner & Co.

特鲁布纳出版公司

出版年

1885

埃米尔·奥古斯蒂藏书票

尺幅 12.0 cm × 8.0 cm

藏书票介绍

　　这幅藏书票色彩鲜艳、结构繁复，具有现代摄影的逼真感。画面上下两部分以分镜头的形式表现了不同的风情：上部，左侧是一位头戴扇形头饰的土著民，头饰上的漂亮羽毛象征着勇敢。右侧是两只栖息枝头的鹦鹉，一红一蓝，羽毛亮丽非常；下部，一座栏杆精雕细琢的石桥横跨水面，与远山、丛林和谐共生。石桥前是盾牌、盔甲，上有红鸢尾花图案（Fleur-de-lis）和红底白十字图案，这是纹章型藏书票中的元素，似象征欧洲基督教对南美洲的征服。藏书票的文字透露，此藏书票的主人是生物学家埃米尔·奥古斯蒂（Emil August Göldi）。他是亚马孙森林研究中最重要的生物学家，被誉为南美热带研究的先驱之一。其生平履历亦在此藏书票中得以显现。

（叶宪允／文）

书目信息

书名

Monographie Der Pseudophylliden

《假叶目动物专著》

作者

C. Brunner Von Wattenwyl

C·布鲁纳·冯·瓦特威尔

出版机构

Wien Im Selbstverlage Der Gesellschaft

维也纳自助出版公司

出版年

1895

艾维斯与理查德·盖伦藏书票

尺幅 10.8 cm × 14.0 cm

藏书票介绍

这幅藏书票中等大小，票面呈长方形。主图案由帆船、图书、花草等意象组成。最上方为帆船，船上飘扬着两面旗帜，旗面舒展，上写"Ex Libris"。中间是书，共有两册，平躺放置，书脊和书根上写着两位藏主的姓名：艾维斯与理查德·盖伦（Avis A. and Richard C. Gallon），下方是花草，为蓟花与三叶草，或暗含着藏书票主人与苏格兰的渊源。主图四周以方框包围，每角各画有一种文体用品，分别为：羽毛球拍及羽毛球、滑雪用品、风车、扑克牌。这些文体用品出现在藏书票上，或与藏书票主人的兴趣有关。

（周保明／文）

书目信息

书名

The Moon Is Down

《月亮下去了》

作者

John Steinbeck

约翰·斯坦贝克

出版机构

The Viking Press

维京出版社

出版年

1942

包达甫藏书票

尺幅 10. 7 cm × 7. 8 cm

藏书票介绍

　　这是一枚中等大小的藏书票。票面主体为一艘航行于汹涌海浪中的帆船，左上角写有"从我个书"，意谓"属于我的个人藏书"。从藏书票底端印有的"PORTERFIELD"可知，藏书票的主人为私立上海圣约翰大学教授包达甫。包达甫（1865—1936），全名 Willard Merritt Porterfield，美国生物学家，在植物学领域颇有建树。1917年，包达甫来华，在圣约翰大学创办生物系，并任系主任。包达甫选用帆船作为个人藏书票图案之主意象，或许是对他远渡重洋前来中国这一经历的反映。

（阎　琳/文）

书目信息

书名

Dante: Six Sermons

《但丁六说》

作者

Philip H. Wicksteed

菲利普·H·威克斯蒂德

出版机构

Elkini Mathews

艾尔金·马修斯出版公司

出版年

1895

贝蒂藏书票

尺幅 12.2 cm × 10.7 cm

藏书票介绍

　　这是一枚通用藏书票，票面主体为靛蓝色。票面上方为一排立放的书籍，最中间为一册摊开的图书，左边书页上摆放着一盏油灯，油灯的光芒映满了整个画面。书本象征着学习与知识，油灯象征着知识照亮黑暗。票面下方为一面向两边卷曲的纸张。纸张正中印有藏书票的标识"EX LIBRIS"。下方有三格栏线，用以填写姓名、地址、学校。最下方为警示语，大意为："我的书籍、我的承诺——我承诺: 保持干净、不涂鸦、不撕书、不卷书角。好心对待这本书，它是有情的生命。因为它是我的朋友！"此藏书票使用者的署名为手书，字迹略显潦草，尚能看出署有贝蒂（Bette）之名。

（阎　琳/文）

书目信息

书名

Psychology Applied

《心理学应用》

作者

George W. Crane

乔治·W·克兰

出版机构

Northwestern University Press

西北大学出版社

出版年

1943

保罗·多萨特藏书票

尺幅 11.8 cm × 7.7 cm

藏书票介绍

保罗·多萨特（Paul M. Dosart）的这幅藏书票描绘的是一个古老书房的一角。矗立画面正中的是一个高台，上置一本打开的书，书旁置一墨水瓶，瓶中插放一支鹅毛笔。高台后部是一排书架，上面竖排着几本书籍。藏书票下部是一只展开长翼的动物，其翼硕大无比，但身躯并不可见，只露出脸与分立的脚。根据体型特征判断，这可能是一只蝙蝠，而蝙蝠元素在纹章设计中往往用于象征智慧。

（叶宪允/文）

书目信息

书名

Modern Electrical Theory

《现代电学理论》

作者

Norman Robert Campbell

诺曼·罗伯特·坎贝尔

出版机构

Cambridge University Press

剑桥大学出版社

出版年

1907

卜舫济藏书票

尺幅 11.2 cm × 8.1 cm

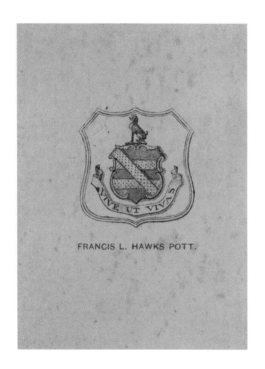

藏书票介绍

　　这是一幅中等大小的纹章型藏书票，由图案和文字两部分构成。图案被盾形框架所包围，其正中是一面盾牌。盾牌被带有圆点的宽带分割成几个部分，盾面之上没有饰物，只有细细的横纹。盾牌的顶部是一只蹲立的狮子，其身体向西，头颅高昂，尾巴竖起，彰显着强大与正义。盾牌下面的丝带上写有"VIVE VT VIVAS"字样，意为"活出自己应该的样子"。图案下印有英文一行，乃藏主的名字"FRANCIS L. HAWKS POTT"，即曾任上海私立圣约翰大学校长的教育家卜舫济。卜舫济生于美国纽约，先后在哥伦比亚大学、纽约神学院学习，毕业后来华，在圣约翰大学从事英文教育，继而担任主任、校长之职。在执掌上海圣约翰大学期间，他将一所名不见经传的教会学校打造成为闻名遐迩的"东方哈佛大学"。此藏书票是卜舫济1940年随书赠与圣约翰大学的，其上保留着卜舫济的手泽和对中国教育的感情。

（回达强／文）

书目信息

书名

Vico

《维科》

作者

Robert Flint

罗伯特·弗林特

出版机构

J. B. Lippincott and Co.

利平科特出版公司

W. Blackwood and Sons

布莱克伍德出版公司

出版年

1884

布鲁斯·卡特赖特之子藏书票

尺幅 12.1 cm × 8.1 cm

藏书票介绍

　　这幅藏书票为布鲁斯·卡特赖特之子（Bruce Cartwright Jr.）所有。票面主图是一只健美有力的狮子。虽然其身大半掩于松树枝条之间，但我们仍能感受到狮子身上洋溢的生命质感。狮子头部硕大，眼睛专注而沉静，犀利而威严。它探究似的盯着前方，仿佛在伺机而动。令人奇怪的是，今天地球上的狮子多生活于热带草原，而此狮子是以温寒地带的松树为活动背景，不知是否意在刻画已灭绝的希腊狮？不过，即非如此亦不足为奇。在超越现实的藏书票世界，出现时空跨越、肢体重组的画面都不稀奇，何况是背景的置换呢？

（韩　进/文）

书目信息

书名

Laughter: An Essay on the Meaning of the Comic

《笑与滑稽》

作者

Henri Bergson

亨利·柏格森

出版机构

The Macmillan Company

麦克米伦出版公司

出版年

1914

查尔斯·阿弗菲拉藏书票

尺幅 5.3 cm × 11.2 cm

藏书票介绍

　　查尔斯·阿弗菲拉（Charles Alfieri）的这枚藏书票主图是一个西方少女形象，图案上方有竖琴标志，透露着藏主的爱好与身份。图中少女面容秀美，头发浓密纤长，在风中向上飘散。她身罩长裙，裙摆拽地，裙带飘扬，让人不禁感叹少女的温婉端庄、高雅脱俗。少女正双手举着一个花筒，朵朵玫瑰从花筒中轻轻飘落，而其双目正盯着低处一截秃枝上的两只小鸟。从画面表现的情景看，这少女当是西方神话中的花神芙洛拉（Flora）。在西方文化中她代表着春天与鲜花，象征着青春和生命，因此是美术作品里常见的形象。此藏书票选取花神作为画面，也当与藏书票主人的名字阿弗菲拉（Alfieri）发音与芙洛拉（Flora）接近有关。

（回达强/文）

书目信息

书名
Phroso
《领地》

作者
Anthony Hope
安东尼·霍普

出版机构
Hodder and Stoughton
哈德尔＆斯托顿公司

出版年
1909

查加斯藏书票

尺幅 7. 7 cm × 10. 1 cm

藏书票介绍

查加斯（Chagas）的这幅藏书票，画面主要由一个男子和一只猫头鹰构成。男子身穿燕尾服，戴着又大又圆的眼镜，怀抱一支又大又长的羽毛笔，正歪坐着闭目休息。与他同列的猫头鹰，大眼中也带有迷离之色，像在睡觉，背后一轮明月朗照。猫头鹰与男子两头相靠，身体相偎，显得非常亲密。在西方文化中，猫头鹰是聪明、智慧的象征。此藏书票所展现的读书人与猫头鹰亲密的画面，大概是想告诉我们智慧与求知密切相联吧。这令人不禁想起黑格尔的名言"密涅瓦的猫头鹰在黄昏起飞"。密涅瓦就是罗马神话中的智慧女神，黑格尔用以比喻哲学，意在说明哲学是一种反思活动，是一种沉思的理性。

（回达强/文）

书目信息

书名

The Wisdom of Confucius

《孔子的智慧》

作者

Lin Yutang

林语堂

出版机构

The Modern Library

现代图书馆出版社

出版年

1938

查尔斯·达纳藏书票

尺幅 6.8 cm × 8.3 cm

藏书票介绍

　　这是一枚纹章型藏书票，长方形，线型边框。票面主体是一盾面，其上有右斜带、小盾图记。小盾上绘有三只戴王冠的狮子。盾的上方是头盔，顶部有牛头盔饰，两侧饰以披风。盾面下方的装饰带上书有使用者名字"CHARLES·E·DANA"，中译为查尔斯·达纳，其生平未详。

（郑晓霞／文）

书目信息

书名
Makers of Japan
《日本的缔造者》

作者
J. Morris
J·莫里斯

出版机构
Methuen & Co.
梅休因出版公司

出版年
1906

Sherman J. K. Chang 藏书票

尺幅 10.9 cm × 12.9 cm

藏书票介绍

　　这枚藏书票的主人为 Sherman J. K. Chang。据此可知，此人当是一个中国人，姓常（音），英文名为舍曼。此藏书票的主图为一棵树，主干虽不粗壮，但是枝叶茂盛，根系发达，占据着票面的大部。修长的枝条从树身左右两侧垂下，向内卷曲，几成环状，并形成对称。左侧枝条环绕的是一架天平，显示了票主对公平正义的追求；右侧枝条环绕的是一盏西式的油灯，寓意票主的苦读。树顶上方是一艘船，船帆高挂，满帆前行。票面下部为一排书籍，紧扣藏书票的主题。此藏书票是版画家作品，设计者为格瑞斯·施弗雷（Grace L. Schauffler）。

（李善强／文）

书目信息

书名

Experience and Nature

《经验与自然》

作者

John Dewey

约翰·杜威

出版机构

Open Court Publishing Company

敞院出版公司

出版年

1926

大卫·格雷·波斯顿藏书票

尺幅 7.7 cm × 5.4 cm

藏书票介绍

这是一枚纹章型藏书票，长方形，线型边框。票面主体为一盾面，水平分割，底部绘有一个拱门图标，居中的横幅上是一只飞奔的老虎，上方有两个拱门图标。盾后有并立的双鱼图案，上端是一只爪扶拱门的狮子。在西方纹章学中，拱门往往象征持有者身居要职，此票面中反复出现的拱门图案，当是隐喻使用者的身份不凡。盾的下方印有使用者姓名"David Gray Poston"，中译为大卫·格雷·波斯顿，其履历待考。藏书票下方存圣约翰大学的一条附签，上题："PRESENTED BY Mr. D. G. Poston, June 12, 1942"。可知藏书票与书为收藏者本人于 1942 年 6 月 12 日捐赠与圣约翰大学。

（郑晓霞/文）

书目信息

书名

Political and Social History of the United States Volume I 1829 - 1925
《美国政治和社会史第 1 卷（1829—1925）》

作者

Arthur Meier Schlesinger
亚瑟·迈耶·施莱辛格

出版机构

The Macmillan Company
麦克米伦出版公司

出版年

1926

邓德藏书票

尺幅 3.3 cm × 5.0 cm

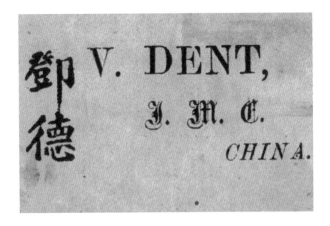

藏书票介绍

　　这是一幅小型藏书票。票面左侧竖排为藏书者中文名"邓德"，右侧横排第一行为其英文名"V. DENT"，下有英文缩写"J. M. E."和"CHINA"字样。邓德（1862—1929），英文全名为 Vyvyan Edmund Dent，英国商人颠地·兰士禄之子。他生于上海，成年后进入江海北关工作，历任帮办、副税务司、税务司等职，最后因交通事故逝于上海。

（李善强/文）

书目信息

书名

A Handbook for Travellers in Japan

《日本旅游手册》

作者

Basil Hall Chamberlain, W. B. Mason

贝西·霍尔·张伯伦、　W·B·梅森

出版机构

John Murray

约翰·莫里出版社

出版年

1894

宓亨利藏书票

尺幅 10. 0 cm × 7. 6 cm

藏书票介绍

　　这幅藏书票洋溢着中西合璧的气息，富有美感。占据藏书票主要画面的是一个装有钟表的飞檐建筑，风格亦中亦洋，四周绿树掩映。画面右侧印有"开卷有益——宋太宗"字样。从藏书票上白文方印"宓亨利印"和署名"HARLEY FARNSOWRTH MACNAIR"可知，此藏书票主是宓亨利。宓亨利，博士，曾执教于上海私立圣约翰大学，为历史政治学系教授。"开卷有益"出自宋太宗赵光义，是流播广远的读书格言。此语出现在宓亨利藏书票之上，显示出中外读书旨趣的同一。

（韩　进/文）

书目信息

书名
The School of Life
《人生学校》

作者
Henry Van Dyke
亨利·凡·戴克

出版机构
Charles Scribner's Sons
查尔斯·斯克瑞伯纳出版社

出版年
1905

费恩藏书票

尺幅 15.6 cm × 9.2 cm

藏书票介绍

　　这款藏书票主图部分是一个侧面席地而坐的女孩。女孩将翻开的书卷置于膝上，低头专注地读着书。女孩上面是拉丁文书写的"Ex Libris"，意为藏书票；下面是票主费恩（"MRS. J. B. FEARN"）的姓名。主图下面印有一段话，大意是："此书经由我友人及友人之友辗转传阅，终得完璧归赵，令我由衷感谢。感谢我友未将此书随便作为婴儿玩具、烟灰缸或宠物狗的磨牙物等而使其受损。我借出此书时已抱不可复得之预想，为此我只有隐忍与此书长离别之苦。然而此书竟得复返，我欣喜若狂，于是用皮革重新装订后归架，以贺其重返故园。推己及人，我也要将我借过的他人之书马上归还。"其言辞恳切，显示了主人的爱书痴情。

（曾庆雨/文）

书目信息

书名
The Book of Talbot
《托尔伯特的故事》

作者
Violet Clifton
维奥莱特·克里夫顿

译者
Hersey
赫西

出版机构
Harcourt Brace and Company
哈考特·布雷斯出版公司

出版年
1933

斐斯藏书票

尺幅 9.7 cm × 13.4 cm

藏书票介绍

这是一幅中型藏书票。票面主体为一位身着蓑衣、头戴斗笠的老渔夫。他赤脚站在一本厚大的图书之上，右手执钓竿，左手提一条大鱼，脸上洋溢着捕有所获的欢欣。从藏书票上写有的"斐斯律师"、"DR. O. FISCHER"等中英文字样可知，此藏书票主人乃是斐斯博士。斐斯，意大利人，法学博士，曾于民国间来华从事律师事务，闻名沪上。此藏书票以渔夫作为藏书票的主要画面，应与藏书主人"FISCHER"的发音接近"Fisher"（渔夫）有关。

（周保明/文）

书目信息

书名

Le Christianisme en Chine, en Tartarie, et au Thibet II

《中国中原、鞑靼和西藏的基督教 2》

作者

Évariste Régis Huc

古伯察

出版机构

Gaume Frères, Kibraires-Éditeurs

高梅兄弟出版公司

出版年

1857

葛学溥藏书票

尺幅 5. 7 cm × 8. 5 cm

藏书票介绍

　　这幅藏书票的图案为一男子坐在沙发上专心读书的情景。他手捧书本，右手翻页，目光专注。男子面前是一壁炉，壁炉上面整齐地放置了一些物品。壁炉以及物品的摆放，给人一种整洁温馨的感觉，营造出了适宜静思阅读的氛围。尤其是画面中男子从手到肩膀一条曲线，闪亮而优美，传递了书是智慧发光体的暗示。图案下部还有一油灯小图，旁边写着"EX LIBRIS"、"DANIEL H. KULP II"，可知这枚藏书票的主人是葛学溥。葛学溥（1888—1980），美国人，毕业于美国布朗大学，民国期间为上海沪江大学社会学教授。他曾在沪江大学创立了中国高校第一个社会学系，并在上海积极开展社会服务工作，创办了著名的社区服务中心"沪东公社"，对中国社会工作的理论探索和实践做出了贡献。

（李善强/文）

书目信息

书名

Victoria and Albert Museum Handbooks: Chinese Art Vol. I

《维多利亚和阿尔伯特博物馆手册: 中国艺术（第一卷）》

作者

Stephen W. Bushell

史蒂芬·W·布歇尔

出版机构

Victoria and Albert Museum

维多利亚和阿尔伯特博物馆

出版年

1914

格特鲁德·薛尔杰藏书票

尺幅 8.8 cm × 6.3 cm

藏书票介绍

这枚藏书票尺幅较小。票面由上图下文两部分组成。主画面是一座中式建筑，像一堵照壁，又像庙宇的侧影。高翘的飞檐，凌空的鸱吻，排布的筒瓦，带有强烈的东方建筑美学色彩。建筑下方的正中央有一个大大的中国汉字"薛"，黑底白字，分外引人注意。票面底部印有此藏书票主人名字格特鲁德·薛尔杰（Gertrude Selger）。可以推知，在建筑的显著位置题写大大的"薛"字应与其名字有关。

（叶宪允／文）

书目信息

书名

Disraeli: A Picture of the Victorian Age

《迪斯雷利：维多利亚时代的画像》

作者

André Maurois

安德烈·莫罗阿

出版机构

D. Appleton and Company

阿普尔顿出版公司

出版年

1928

郭斐蔚藏书票

尺幅 7.2 cm × 11.0 cm

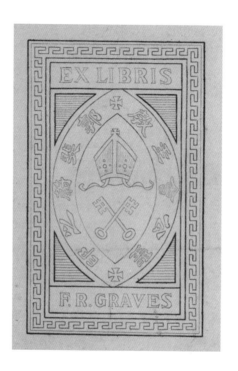

藏书票介绍

　　这幅藏书票图案精巧细致，具有浓厚的教会色彩，同时也融合了中国文化的元素。票面中央是两把钥匙和一顶主教礼冠，它们代表着教宗权力。主图四周环绕着一个橄榄形的框架，上印隶体汉字"圣公会主教郭斐蔚之印"，主图之下印有英文"F. R. GRAVES"。郭斐蔚（1858—1940），全名 Frederick Rogers Graves，美国圣公会传教士。自 1881 年来华后，郭斐蔚即从事传教与教学工作，在当时的东南沿海宗教界中颇负盛名。从这些履历中，我们不难理解其藏书票因何选取钥匙和主教礼冠图案。

（李善强／文）

书目信息

书名

Witchcraft in Old and New England

《新旧英格兰的巫术》

作者

George Lyman Kittredge

乔治·莱曼·基特里奇

出版机构

Harvard University Press

哈佛大学出版社

出版年

1929

亨利·尼利·奥格登藏书票

尺幅 8.8 cm × 6.3 cm

藏书票介绍

　　这幅藏书票构图复杂，纵深感强。主画面正中间是一位英俊青年，他端坐在椅子之上，正在聚精会神地阅读。青年身后是一扇打开的宽敞大窗，窗外可见一排建筑，还有天空与白云。小图中是举起一只前爪向前跃动的狮子，这在纹章学中往往象征决心。从画面上下两端的英文可知，这是亨利·尼利·奥格登（Henry Neely Ogden）的藏书。亨利·尼利·奥格登（1868—1947），美国人，教授，致力于环境工程研究，有多部作品存世。这幅藏书票恰好体现出了主人的专业趣味。

（叶宪允/文）

书目信息

书名
Present-Day Trends in Religious Education
《宗教教育的当前趋势》

作者
Erwin L. Shaver
欧文·L·谢弗

出版机构
The Pilgrim Press
朝圣者出版社

出版年
1928

亨利·托马斯·韦德藏书票

尺幅 4.6 cm × 7.8 cm

藏书票介绍

这款藏书票的票面无任何图案，仅在黑色矩形边框内写明藏书者姓名。亨利·托马斯·韦德（Henling Thomas Wade）乃欧洲来华的探险者，出版有 With Boat and Gun in the Yangtze Valley 等著作。藏书票粘贴的书籍扉页钤有俞开龄的白文印章，可知该书曾为俞氏收藏。俞开龄（1896—1962），江苏丹徒人，1917 年毕业于上海圣约翰大学。1923 年赴美国留学，学成后回到上海，曾开设新丰洋行。此藏书票当是经由俞开龄之手辗转流入华东师范大学的。

（曾庆雨／文）

书目信息

书名
Auto-biography of Goeth.
Truth and Poetry: From My Own Life
《歌德自传——真理和诗歌：我的人生》

译者
John Oxenford
约翰·奥克森福德

出版机构
Dell & Daldy
戴尔＆戴利出版社

出版年
1867

霍顿斯·肖赫藏书票

尺幅 11.0 cm × 7.2 cm

藏书票介绍

这是一枚铜版画（copper plate etching）的风景图案藏书票。票面主体描绘的是这样一幅画面：一座单孔石拱桥横跨两岸。河边树木密布，枝叶繁盛，如盖的树冠把石桥的上空遮去大半。桥下河流静静流淌，水波荡漾，倒映着拱桥与两岸的美景。从桥孔望去，还可见远岸的水草与树木。藏书票最下方写有票主的姓名"HORTENSE SCHOCH"，中译名霍顿斯·肖赫。票主应该是位女性，生平不详。

（阎　琳／文）

书目信息

书名

Nikolaus Lenau: Sämtliche Werke in Zwei Bänden

《尼古拉斯·雷瑙全集（第二卷）》

作者

Nikolaus Lenau

尼古拉斯·雷瑙

出版机构

Th. Knaur Nachf

科瑙·纳赫夫出版社

出版年

不详

纪念刘湛恩先生藏书票

尺幅 7.3 cm × 10.8 cm

藏书票介绍

　　这枚藏书票中等大小、以文字为主。图饰只有作为基底的一枚沪江大学的浅红圆章以及票面上下两端的简单纹饰。在底部的纹饰中，仔细辨认还可见到冒烟的烟囱、工业锅炉等小图，透露出二十世纪工业发展的些许气象。藏书票上印有"In Memory of Herman C. E. Liu first Chinese President Martyred April 7. 1938"、"纪念第一任华人校长刘湛恩先生民国二十七年四月七日殉国"、"donated by Miss M. A. Calder"等中英文字样，由此我们可知此藏书票的性质。刘湛恩（1896—1938），湖北阳新人，民国时期著名的教育家、爱国志士和社会活动家。1922 年留美归来，即投身于国家教育事业。先后执教于东南大学、大夏大学、光华大学等高校。1928 年起，刘湛恩成为上海沪江大学的校长，他治校有方，为社会培养了大批工业建设的骨干。1938 年 4 月 7 日，刘湛恩因坚持抗日、毫不畏缩而遭日伪特务暗杀，壮烈殉国。不难看出，此藏书票中选取冒烟的烟囱、工业锅炉这些意象是对刘湛恩校长教育事业的一种褒扬。

（回达强／文）

书目信息

书名
Speech Correction
《语言矫正》

作者
Richard C. Borden, Alvin C. Busse
理查德·C·波登、埃尔文·C·布斯

出版机构
F. S. Crofts & Co.
克罗夫茨出版公司

出版年
1937

纪念内蒂藏书票

尺幅 10. 2 cm × 7. 3 cm

Presented in Memory of
NETTIE ADELLA FARNSWORTH MACNAIR
1866–1945

藏书票介绍

　　该藏书票为一幅人物画像，呈长方形，无边栏。画中是一位端坐的西方女士。她身着露颈长裙，脖子上佩戴有吊坠的珍珠项链，背和臂上随意地搭着华丽的披肩。这个女士左手轻放在坐具扶手上，右手五指捏一柄折扇，并自然置于腿上。她戴着眼镜的双目正平和地望着前方，显示出一种知识女性具有的端庄气质。在人物身后，是中国式亭阁、楼台的背景，透露出与中国深厚的渊源。画像下方印有 "Presented in Memory of NETTIE ADELLA FARNSWORTH MACNAIR 1866—1945" 字样，可知此藏书票是用来标志纪念内蒂·阿德拉所捐之书的。内蒂·阿德拉，其事迹未详。从其姓氏、画面背景及该藏书票馆藏地推测，或与上海圣约翰大学历史政治系的教授宓亨利（Harley Farnsworth Macnair）有某种亲缘关系。

（郑晓霞／文）

书目信息

书名

The Story of Jesus
《耶稣的故事》

作者

Ethel Nathalie Dana
埃塞尔·娜塔莉·达纳

出版机构

Marshall Jones Company
马歇尔·琼斯出版公司

出版年

1920

邝富灼藏书票

尺幅 6.9 cm × 9.6 cm

藏书票介绍

　　这幅藏书票为邝富灼所有。票面的主要图案是一函线装书籍和几支毛笔，凸显出藏书票主人所根植的中华文化厚土。而图案上端与左侧印有的"FONG FOO SEC"、"HIS BOOK"等英文字样，则告诉我们藏书票主人曾受的欧风美雨熏染。邝富灼（1869—1931），字耀西，英文名为Fong Foo Sec，广东新宁（今台山市）人。邝富灼少年入美，获得哥伦比亚大学文学、教育学双硕士学位。回国后任上海商务印书馆编译所英文部总编辑等职。他是民国著名的翻译家、英语专家。此藏书票是中国最早的藏书票之一，在中国藏书票史上具有重要地位。

（韩　进/文）

书目信息

书名

The Spirit of the Chinese People

《春秋大义》（又名：《中国人的精神》）

作者

Ku Hungming

辜鸿铭

出版机构

The Peking Daily News

《北京日报》（英文版）

出版年

1915

库寿龄藏书票

尺幅 5.7 cm × 9.7 cm

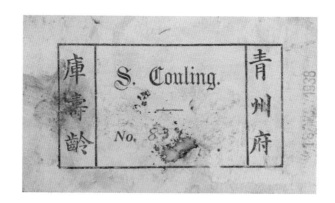

藏书票介绍

　　这幅藏书票的票面分为三部分：左侧为"库寿龄"三字，中间为英文名字"S. Couling."及书号，右侧为"青州府"三字。库寿龄（1859—1922），英文全称为 Samuel Couling，英国浸礼会教士，曾在山东青州传教和办学多年，后赴上海从事编辑、教学管理等工作，并终老于上海。库寿龄是著名汉学家，对中国历史与文化颇有研究。身为异域之人，在其藏书票中将"青州府"作为乡籍与自己的姓名一起排布，也显示了库寿龄对青州的深厚感情。

（李善强/文）

书目信息

书名
An Enquiry Concerning the Human Understanding, and an Enquiry Concerning the Principles of Morals
《人类理解力和道德原则研究》

作者
David Hume
大卫·休谟

出版机构
Oxford at the Clarendon Press
牛津大学出版部印刷所

出版年
1894

雷克斯·惠斯勒设计之藏书票

尺幅 7.0 cm × 11.0 cm

藏书票介绍

　　这是一枚中型的通用藏书票。画面中心是一个欧洲男子。他坐于沙发之上，身体前倾，正伏案攻读。案头摆放着烛台，而从窗户中透进的光线看当是早晨时光，或许暗示这个男子日以继夜的苦读。在男子右后侧摆放着一个大型的落地地球仪，背后靠墙处则是储满书籍的书架，显示了主人对知识和科学的追求。画面四周为橄榄枝环绕，顶部丝带上写有"The Book Society"，意为"读书协会"。从藏书票底部的花押可知，这款藏书票的设计者为雷克斯·惠斯勒（Rex Whistler），他是英国的艺术家、设计师和插画家。

（回达强/文）

书目信息

书名

The Story of J. M. B.

《詹姆斯·巴里爵士传》

作者

Denis Mackail

丹尼士·麦基

出版机构

Peter Davies

彼得·达维斯出版社

出版年

1941

雷文藏书票

尺幅 7. 2 cm × 4. 2 cm

藏书票介绍

这枚藏书票为雷文（F. J. Raven）所有。票面主体是一圆形图案，宛如海上初升的太阳，尚未绽放光芒，太阳之前伫立一只凝神远望的乌鸦。图案下方是经过艺术变形的使用者之名"F. J. RAVEN"。在西方纹章学中，乌鸦因性好收集，往往被作为追求知识的象征。另外，乌鸦也是那些祖产微薄又白手起家者所喜用的意象。而该票主之名（Raven）在英文亦有"乌鸦"之意。设计者选择乌鸦图案，构思颇具匠心。雷文，美国人，二十世纪初来沪，曾创办上海美商美丰银行等多家公司，并担任总裁、董事长等职务，后因公司破产被押回美国受审。此藏书票当是制作于其事业成功之时。

（郑晓霞／文）

书目信息

书名

Boy's and Girls' Bookshelf Complete Edition

《少年文库（完整版）》

作者

Hamilton Wright Mabie, etc.

汉密尔顿·莱特·梅彼等

出版机构

The University Society

大学学会出版公司

出版年

1912

LEE KUNG HWA 藏书票

尺幅 10.0 cm × 7.8 cm

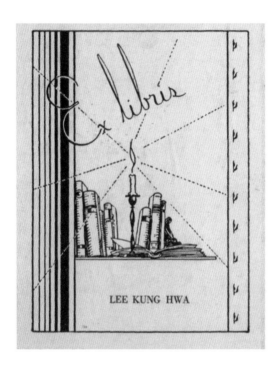

藏书票介绍

　　这款藏书票图案主体部分由桌面上的书与烛构成。书呈一排竖放于小型书架上，桌案之上还有一册翻开的书。书旁还有一盏高脚烛台，上面的蜡烛正在燃烧，烛光呈放射状照向整个空间。整个画面虽不见人，但烘托出一种灯火夜读书的氛围。书籍象征智慧，如烛光般破除蒙昧，照亮人生，书籍与灯烛的组合在藏书票中十分常见。从票上的姓名"LEE KUNG HWA"来推断，票主应该是一位华人。参考该书的出版时间、地点，票主很有可能是民国期间留美后回国执教的李观华先生。"观华"与"光华"声音相近，这或许也是作者以光华四射的灯烛为藏书票图案的原因之一吧。

（曾庆雨/文）

书目信息

书名

The City of God

《上帝之城》

作者

Saint Augustine

圣·奥古斯丁

出版机构

The Modern Library

现代图书馆出版社

出版年

1950

Mayoie Li 藏书票

尺幅 6.9 cm × 11.2 cm

藏书票介绍

　　这是一枚通用藏书票。英文"from the book of"之下手写使用者姓名"Mayoie Li"，据此判断票主当为中国人。此藏书票画面绚烂，色彩明快。占据票面大部的是卷帙浩繁的大书，密集排布于书架之上。这些蓝、青、红、黄诸色之书按相邻颜色绝不雷同的原则排列，色彩纷呈又秩序井然。书的放置虽有横摆，有竖放，但显得齐齐整整、错落有致。书架旁有一个红色的墨水瓶，瓶中插着一支羽毛笔。紧挨着它们的是一本翻开的书。打开书本的是个孩童，一身青装，头戴尖帽，脚也尖尖的。他右手撑书，左手作招引状，仿佛书中冒出的精灵在呼唤人们来享受阅读的快乐。

（回达强／文）

书目信息

书名

The Best Tales of Edgar Allan Poe

《埃德加·爱伦·坡故事精选集》

编者

Sherwin Cody

舍温·科迪

出版机构

The Modern Library

现代图书馆出版社

出版年

1924

Frank Liu 藏书票

尺幅 7. 5 cm × 10. 2 cm

藏书票介绍

　　这枚藏书票主要所画的是一个西方青年。他短发卷曲，大眼明亮，鼻梁高挺，体型健美，让人联想到古希腊城邦中的体育健儿。这个青年正侧坐花草之间，左手撑地，右手翻动一本大书。在男子身后，是虚化处理的航海图景：风帆蔽日，桅杆触天，灯塔耸立，大海汹涌，象征着"知识就是力量"的启蒙时代精神。从藏书票空白处印有的"Frank Liu"可知，此藏书票的使用者为中国人，姓刘（音），名叫弗兰克。民国时期政治家、外交家刘文岛，其名也是"Frank Liu"。他毕业于日本早稻田大学、法国巴黎大学，精通英、法、德等语言，曾任驻法国、奥地利、意大利公使等职。或为同一人，待考。

（回达强/文）

书目信息

书名

Each to the Other: A Novel In Verse

《彼此之间（诗韵体小说）》

作者

Christopher La Farge

克里斯托弗·拉·法格

出版机构

Coward McCann, Inc.

卡沃德·麦肯出版公司

出版年

1939

露丝·露易丝·帕克藏书票

尺幅 7.1 cm × 6.4 cm

藏书票介绍

　　这是一枚尺幅较小的纹章型藏书票。盾面被分割成六个部分，上印文字或图案。文字告诉我们，此藏书票的主人为露丝·露易丝·帕克（Ruth Louise Parker）。下方画有图案的四个部分，简述如下：左上方是一棵枝叶繁茂的大树；右上方是一个地球仪，地球仪的右上角还有一个小小的指南针；左下方是一盏燃烧的油灯，还有一个十字架；右下方是教堂建筑一角，还有音乐符号。这些意象透露出藏书票主人喜爱读书、追求科学、宗教信仰虔诚的倾向。

（叶宪允／文）

书目信息

书名

A Short History of the Hebrews to the Roman Period

《希伯来人至罗马时期的历史》

作者

R. L. Ottley

R·L·奥特利

出版机构

THE MACMILLAN COMPANY

麦克米伦出版公司

Cambridge: The University Press

剑桥大学出版社

出版年

1915

路易斯·拉菲托藏书票

尺幅 6.9 cm × 8.2 cm

LOUIS RAFETTO

藏书票介绍

　　这是一枚中小尺幅的藏书票。票面分为两部分：上部为图案，表现的是一轮光芒四射的太阳，光芒中间一艘大型的帆船乘风破浪而来，船帆为风鼓满，旗帜高高飘扬。下部为一方框，框内印有"LOUIS RAFETTO"，为藏书者名字，中译为路易斯·拉菲托。这枚藏书票图案风格粗犷，充满张力，给人以积极向上的气象。藏书票采用帆船与大海的图像，表明世界地理大发现以来，西方文明向全球快速传播之势。

（李善强／文）

书目信息

书名

History of Russia: From the Earliest Times to 1880

《俄国的历史：从远古到 1880 年》

作者

Alfred Rambaud

阿尔弗雷德·朗博

出版机构

H. A. Bolles and Company

波利斯出版公司

出版年

1882

罗培德藏书票

尺幅 6.1 cm × 9.4 cm

藏书票介绍

这款藏书票的票面主体为一座典型的江南石拱桥。桥为单孔，桥下波光粼粼，透过桥拱可见朦胧的远岸。桥之两侧各为密草与高树所掩映，密草随风摇摆，与微垂的树枝高下呼应，画面甚是和谐。远方树影婆娑，深浅不同而有层次。画面左侧题有"入道津梁"四个大字，下署"罗氏培德藏书"六个小字。画面上方矩形框内写有罗氏全名"WILLIAM PAYNE ROBERTS"。罗培德，美国人，曾任教于上海圣约翰大学，亦致力于在华传教事业。其行迹集中于沪宁等地，故其藏书票选择江南石拱桥自非偶然。作为西方传教士，将极具中国传统特色的石拱桥意象作为接引众生"入道"之"津梁"，正是西人欲"化"东土而在某些方面亦不免为东土所"化"的一个例证。

（曾庆雨／文）

书目信息

书名

Games for the Playground, Home, School and Gymnasium

《操场、家庭、学校和体育馆的游戏》

作者

Jessie H. Bancroft

杰西·H·班克罗夫特

出版机构

The Macmillan Company

麦克米伦出版公司

出版年

1915

麦凯利·穆特藏书票

尺幅 7.8 cm × 11.7 cm

藏书票介绍

  此藏书票的画面是一幅山水图景：群山层峦起伏，一片童秃之貌。一棵松树兀立山巅，疏枝伸展，宛如伞状。浩渺的水面与山顶相齐，波光粼粼，延伸到天际。天高而远，没有一片云彩，只有几只飞鸟掠过。整个画面给人萧索、宁静之感。在画面下端的空白处有手写的藏主姓名，辨认当为"J. R. Mckelly Mouter"，中译为麦凯利·穆特，其人生平无考。

（回达强/文）

书目信息

书名

Education as Cultivation of the Higher Mental Processes

《教育是高级心理过程的培养》

作者

Charles Hubbard Judd, etc.

查尔斯·哈伯德·基德等

出版机构

The Macmillan Company

麦克米伦出版公司

出版年

1936

孟禄藏书票

尺幅 8.3 cm × 7.0 cm

藏书票介绍

这是一枚形制比较完备的纹章型藏书票。顶饰部分为一挥舞翅膀、四肢张开的走兽，下方为简约的头盔造型，头盔下方为纹章最重要的元素盾牌。盾面以黑点为基底，中心绘有鹰头。持盾者为一对雄鹰。它们左右分立，一爪持盾，一爪站立于下方丝带之上。雄鹰是贵族纹章中常见的寓意物，象征着热切执着追求目标、不达目的决不罢休的意志。从图画下方的藏主名字"Paul Monroe"可知，其为美国教育学家孟禄。他曾先后执教于哥伦比亚大学、耶鲁大学、加州大学等著名学府，后来到中国从事教育事业，对中国现代教育的发展产生过不小的影响。

（阎　琳/文）

书目信息

书名

The Place of Psychology in the Training of the Teacher

《心理学在教师培训中的地位》

作者

Alexander Darroch

亚历山大·达罗克

出版机构

Longmans, Green, and Co.

朗曼斯&格林出版公司

出版年

1911

H. H. 莫里斯藏书票 （一）

尺幅 5.7 cm × 8.1 cm

藏书票介绍

　　这是一枚小型藏书票。主体图案是一个身着长裙、秀发垂肩、恬静淡雅的少女。她正背靠一棵枝繁叶茂的大树，席地而坐，双腿交叉呈半屈半伸状。此刻，少女正眼望远方，右手的书摊放在地上，宽沿的凉帽随意地置于脚边，仿佛是看书疲劳后稍事休息。从藏书票印有的文字可知，此藏书票为 H. H. 莫里斯（H. H. Morris）所有。莫里斯，药学教授，民国间曾执教于上海圣约翰大学，对中国的教育事业多有贡献。

（周保明／文）

书目信息

书名

"Praeterita", Outlines of Scenes and Thoughts, Perhaps Worthy of Memory, in My Past Life

《约翰·拉斯金自传》

作者

John Ruskin

约翰·拉斯金

出版机构

Dana Estes & Company

丹娜·埃斯蒂斯出版公司

出版年

1885

H. H. 莫里斯藏书票（二）

尺幅 7.1 cm × 10.2 cm

藏书票介绍

　　这幅藏书票使用者仍为 H. H. 莫里斯（H. H. Morris）。签名所署的"Harold H. Morris"，即我们上面提到的上海圣约翰大学药学教授 H. H. 莫里斯。此藏书票中等大小，黑白两色，木刻而成。画面表现的是海面上一条扬帆而行的船。其船体硕大，风帆高悬，旗帜飘扬。值得注意的是，风帆之上还画有十字架标志，而船只周围也为光华笼罩。这种画面透出，在西方人的海外探险、扩张与殖民的浪潮中，基督教的使命感是不少信徒用以支撑行动的精神动力。据查，这枚藏书票是莫里斯教授 1943 年将之随自己的藏书一起赠与圣约翰大学的。

（回达强／文）

书目信息

书名
Shanghai Country Walks
《上海乡村漫步》

作者
E. S. Wilkinson
E・S・威尔金森

出版机构
North-China Daily News & Herald Limited
北华捷报

出版年
1932

H. J. 莫里斯藏书票

尺幅 7.7 cm × 11.5 cm

藏书票介绍

　　这幅藏书票使用者为 H. J. 莫里斯（H. J. Moriss）。票面主体所选取的画面是常见的航海题材：海面波涛汹涌，连接天际。船只风帆高悬，正迎风破浪前行。帆船之上的狮子正持扶桅杆向西而立，而长蛇则盘旋风帆之间探身回望。此藏书票充满了十九世纪西方世界不畏艰难、扬帆远航、勇于探索的冒险精神。

（周保明／文）

书目信息

书名

Selected Poems

《诗选》

作者

Sacheverell Sitwell

萨谢弗雷尔·西特韦尔

出版机构

Gerald Duckworth & Co. Ltd.

杰拉得·达克沃思出版公司

出版年

1948

莫理循藏书票

尺幅 8.0 cm × 13.0 cm

藏书票介绍

　　这幅藏书票主画面是一幅风景图，由主图和分图构成。主图中，初升的太阳放射出万道金光，晨光里，一只袋鼠正在桉树林旁驻足观望，不远处的草地上一只鸸鹋正悠闲信步走来。分图位于票面的右下角，伫立枝头的鹦鹉、秀丽的湖光山色与游弋的黑天鹅，构成一幅令人神往的画卷。从图画中的植物与动物判断，此图描绘的是澳洲的迷人风光。画面顶部长框中题有藏书票主人姓名"GEORGE ERNEST MORRISON"。此人的中文名为莫理循，生于澳洲，清末时受《泰晤士报》报社委派来华做驻华记者。袁世凯任总统期间，他曾被聘作总统府政治顾问。莫理循喜欢藏书，曾创建私人图书馆。因藏书丰富，其图书馆被誉为"东亚第一"。此藏书票以澳洲风光为题材，当是藏主乡关难忘之情怀的恰当流露吧。

（回达强/文）

书目信息

书名

The Report of the Earl of Durham,
her Majesty's High Commissioner
and Governor-General of British North America
《女王陛下的高级专员及英属北美总督杜汉伯爵的报告》

作者

Durham
杜汉

出版机构

Methuen & Co.
梅休因出版公司

出版年

1902

那敦藏书票

尺幅 9.7 cm × 7.6 cm

藏书票介绍

　　这是一枚中型藏书票。票面设计简约。上方是以粗略线条勾勒出的绵延山脉，山顶白雪皑皑，山脚青松傲立，呈现着冬天的肃杀与生命的坚强。下方的方框内，中间写有票主姓名，左右两侧各有矩形简笔画一幅。左侧为书案，右侧为竖放之书脊，两者皆与藏书主题相关。此枚藏书票的主人 J. R. Norton（1890—1962），全名 John Randall Norton，中文名那敦，美国人。那敦于美国佛蒙特大学毕业后便来华执教，曾任上海圣约翰大学教育学教授，继而掌管圣约翰中学，对中国基础教育颇有贡献。

（阎　琳／文）

书目信息

书名
A Book of Short Stories
《短篇小说集》

作者
Blanche Colton Williams
布兰奇·科尔顿·威廉姆斯

出版机构
D. Appleton and Company
阿普尔顿出版公司

出版年
1918

普天德藏书票

尺幅 8.2 cm × 10.7 cm

藏书票介绍

　　这幅藏书票为靛蓝色，给人以清纯、宁静之感。票面主图是一座四层的塔楼式建筑，塔楼高耸，在云雾的衬托下，有拔地倚天之势。画面右侧最上方印有拉丁文"EX LIBRIS"字样，下面有一大大的汉文"普"字，当取自藏书票主人普天德（Gordon Poteat）名字的首字。普天德，美国人，民国时曾为上海沪江大学教授。此藏书票画面简单，中西合璧，烙有二十世纪初期来华外国人所制藏书票的时代印记。

（周保明/文）

书目信息

书名
Behaviorism: A Battle Line

《行为主义: 一条战线》

作者
William P. King

威廉·P·金

出版机构
Tenn. Cokesbury Press

库克斯勃利出版社

出版年
1930

乔治·沃特曼藏书票

尺幅 10.4 cm × 8.0 cm

藏书票介绍

　　这是一款纹章型藏书票。主图中央的盾面被垂直六等分，上、下共有三个尖角向上的新月。盾牌两侧是叶状的装饰，盾牌上方的顶饰是一只单腿站立、呈前跃之态的狮子。狮子上方的丝带上印有拉丁文铭言"gaudium beneficii faciendi evanescit numquom"，意为: 行善之乐永不消逝。在纹章学中，举起一只前爪向前跃动的狮子往往象征决心，这与铭文所蕴含的行善之乐永不消逝之意恰好相得益彰。主图下面印有票主的名字乔治·沃特曼（"GEORGE A. WATERMAN"），其生平待考。

（曾庆雨／文）

书目信息

书名

Text-Book of the Embryology of Man and Mammals

《人类和哺乳动物胚胎学教科书》

作者

Oscar Hertwig

奥斯卡·赫特维希

出版机构

Swan Sonnenschein & Co.

斯旺·索南夏因出版公司

Macmillan & Co.

麦克米伦出版公司

出版年

1892

乔治和撒克逊·卡夫藏书票

尺幅 9.2 cm × 11.1 cm

EX
LIBRIS

GEORGE AND SAXON
CARVER

N⁰.

藏书票介绍

　　这是一幅中型藏书票。左上角与右下角各有一个圆形徽印。左上角的是佛吉尼亚州里士满大学的徽印，纯黑底色，白色图文。徽印由书卷、油灯、拉丁语校训"生命之道，知识之光"、学校获得授权日期"March 4.，1840"等内容构成。右下角是新英格兰地区纽黑文市 的耶鲁大学的徽印，白底黑色图文，由一本打开的书、拉丁语与希伯来语的校训"光明和真理"等元素组成。两个圆形徽印之间有两行英文，为"EX LIBRIS"（藏书票）与"GEORGE AND SAXON CARVER"（乔治和撒克逊·卡夫）字样，表明此藏书票为乔治与撒克逊·卡夫所共有。

（叶宪允/文）

书目信息

书名

Phunology:

A Collection of Tried and Proved Plans for Play, Fellowship, and Profit

《趣味学：游戏及娱乐活动计划》

作者

E. O. Harbin

E·O·哈宾

出版机构

Cokesbury Press

考克斯博瑞出版社

出版年

1923

琼斯设计之藏书票

尺幅 8.7 cm × 10.2 cm

藏书票介绍

　　这是一幅中等大小的藏书票。从花押可知，设计者为琼斯（A. Jons）。票面文字部分揭示了藏书者的姓名和家族信息，图画则定格在一个事态急迫的时刻：图中的老者站在岸边，他右手紧握挂在脖子上的号角，正鼓气而吹。老者左臂后伸，远指后方，似警告有紧急事件发生。在老者身后，天空云团涌动，水面波浪翻滚，正与紧张的画面相匹配。这种画面当与欧洲历史上的探险与殖民活动有关。

（李善强／文）

书目信息

书名

Japan: Its History, Arts and Literature

《日本的历史，艺术和文学》

作者

Captain F. Brinkley

开普敦·F·布林克利

出版机构

T. C. & E. C. Jack

杰克出版公司

出版年

1925

桑德斯·斐士藏书票

尺幅 8.8 cm × 4.6 cm

藏书票介绍

这是一枚小型藏书票。票面主体为在大海中航行的双层甲板的大帆船，下方写有藏书票主人的名字"J·A·E·SANDERS-BATES"。帆船成为藏书票中常见的寓意物，象征希望、喜乐、幸福和冒险，当是出于航海时代西方远航开拓者的无意识选择。票主 J. A. E. Sanders-Bates，中文译名桑德斯·斐士，又译桑德斯·贝茨，英国人。1914 年来华从事新闻、出版工作。最值得铭记的是，日本侵华战争期间他大胆揭露日军暴行，反映中国人民的正义反抗，在亚洲和西方世界引起轰动。

（阎　琳/文）

书目信息

书名
Our Minds and Their Bodies
《我们的思想及其载体》

作者
John Laird
约翰·莱尔德

出版机构
Oxford University Press
牛津大学出版社

出版年
1925

邵洵美藏书票

尺幅 10.5 cm × 7.0 cm

藏书票介绍

　　这款藏书票下面印有"洵美的书"四字，主体图案即邵洵美本人画像，乃邵氏留学欧洲期间其友张道藩在巴黎所绘。画中人侧面前视，发梢过耳，眉目清俊，嘴角微扬，最具个性的"希腊式"隆准与其他五官组合起来，寥寥几笔，即透出掩不住的清贵与桀骜。加之中式长衫最上面松开的纽襟，愈加显得洒脱不羁。邵洵美（1906—1968），祖籍余姚，生于上海，清末望族。他个性浪漫唯美，仗义疏财，曾主编并出版过多种刊物，也翻译、创作过一些作品。根据邵洵美之女回忆，邵氏曾将此款藏书票贴在他最爱读的几本书上，可知此款藏书票并未大量使用，而华东师范大学能够拥有一枚，何其有幸。

（曾庆雨／文）

书目信息

书名

Poems & Ballads

《诗歌和民谣》

作者

Algernon Charles Swinburne

阿尔杰农·查尔斯·斯温伯恩

出版机构

William Heinemann

威廉·海涅曼出版社

出版年

1924

T·S·藏书票

尺幅 9.7 cm × 7.1 cm

藏书票介绍

　　该藏书票为长方形，无边栏。票面主体为一个生活中并不常见的机械。其构造略显复杂，由齿轮、圆轮、齿条、传送带、长脚圆规等诸多部件构成。这些部件形状不一，大小各异，但有机地接连在一起，仿佛施加一点动力，整个机器瞬间就能运转起来似的。画面右边的图案酷似烟囱，整个画面寓意着机器制造时代的文明正在到来。值得注意的是，这些部件的颜色，有的纯黑，有的赤红，有的泾渭分明地黑红各半，色彩对比鲜明，又和谐统一，使机械的面貌不再冰冷、刻板，而是具有生动的张力、浓郁的艺术气息。图案下方有"EX LIBRIS"字样，"EX LIBRIS"之上变形的"T. S."，当为藏书票主人的姓名，不详是何缩写。

（郑晓霞/文）

书目信息

书名

Pausanias the Spartan:　An Unfinished Historical Romance

《斯巴达人保塞尼亚斯：一段未完的历史传奇》

作者

Lytton

利顿

出版社

George Routledge and Sons, Limited

乔治·劳特利奇有限公司

出版年

不详

J. M. TAN 藏书票

尺幅 10. 2 cm × 7. 0 cm

藏书票介绍

　　这枚藏书票采用木刻印制而成，长方形，线型边框。画面呈现的是一个摆放凌乱的书桌，上面放置着两叠书，一个地球仪，一个沙漏，一只插着羽毛笔的小罐子。地球仪旁的横杠上站立着一只猫头鹰，正双目炯炯地望着前方。这些看似毫无秩序的物品组合在一个画面中，透露出一种时光流逝、生命短暂而唯有知识才可使有限的生命更为精彩的冷峻思考。画面下方的空白处印有"EX LIBRIS"字样，并有手书签名"J. M. TAN"。可知，藏书票使用者当是中国人。因记名过简，又无参证，其身份难详。

（郑晓霞／文）

书目信息

书名

Toward the Christian Revolution

《走向基督教革命》

编者

R. B. Y. Scott, Gregory Vlastos

R·B·Y·斯科特、格雷戈里·弗拉斯托斯

出版机构

Willett Clark & Company

威雷特·克拉克公司

出版年

1936

唐纳德·罗伯茨藏书票

尺幅 10.8 cm × 8.3 cm

藏书票介绍

　　这是一幅中型藏书票。画面意境开阔，有着较多的中国元素：主图前部为高低起伏的山岗，山岗后左侧矗立一座六层高塔，上有云雾缭绕，飞鸟高翔。右侧上部有"含英咀华"四字，意为阅读精华、品味精华，四字下署"祖辉题"。画面下方印有藏书票主人姓名"DONALD ROBERTS"，中文译名为唐纳德·罗伯茨。他于二十世纪前期执教于上海圣约翰大学，曾任政治学系代理主任。

（叶宪允/文）

书目信息

书名

An Introduction to the Study of the Middle Ages（375 - 814）
《中世纪研究导论（375—814）》

作者

Ephraim Emerton
伊弗雷姆·埃默顿

出版机构

Ginn & Company
吉恩出版公司

出版年

1895

托马斯·菲利普斯·普赖斯藏书票

尺幅 6.1 cm × 9.2 cm

藏书票介绍

这是一幅纹章型藏书票。票面正中盾牌被十字分割成四部分，左上与右下图案相同，右上和左下画面一致。左上、右下两部分以横条细纹为底，绘有三只狼头，嘴巴张开，狼牙外露。右上、左下两部分是一只狮子，前爪跃起，回首怒吼。盾牌上方是带有叶状斗篷的头盔，头盔上有一螺旋丝带，上面立有一只跃起回首的狮子。盾牌下方为一丝带，丝带上印有"GWELL ANGAU NA CHYWILYDD"，意为宁死不屈。票面下方印着藏书票主的姓名托马斯·菲利普斯·普赖斯（Thomas Phillips Price）。他是威尔士土地所有者、矿主和自由党政治家，家族显赫，从这幅藏书票中也可以看出许多迹象。

（李善强/文）

书目信息

书名

Dictionary of National Biography

《国家名人传记词典》

编者

Leslie Stephen, Sidney Lee

莱斯利·斯蒂芬、西德尼·李

出版机构

Smith, Elder & Co.

史密斯&埃尔德出版公司

出版年

1908

通用藏书票 （一）

尺幅 8.0 cm × 5.2 cm

藏书票介绍

　　该藏书票主体为一幅欧洲海外殖民地扩张题材的版画。画面描绘了波涛汹涌的海面上，一名身着印度装束的水手正手握双桨奋力划着一条小船，在他身后的船头上背立着一名士兵。士兵双腿叉开，身体前倾，左手牵着一名裙装女子，右手握剑，正紧张地注视着岸边。远处的海岸边是一座小山，山顶及山脚有矗立的城堡。图下空白处印有"This Book belongs to"（本书归属于）字样，下留有空白供藏书者题签姓名，可知此为一枚通用藏书票。

（郑晓霞/文）

书目信息

书名

The Corner House Girls at School

《转角屋女孩的学校生活》

作者

Grace Brooks Hill

格雷斯·布鲁克斯·希尔

出版机构

Barse & Hopkins Publishers

巴尔斯 & 霍普金斯出版社

出版年

1915

通用藏书票（二）

尺幅 7.5 cm × 9.6 cm

藏书票介绍

　　这是一幅中等大小的藏书票。画面构图非常简洁，在白底之上以红色细线勾勒而成。图形主要集中在画面的左侧。在陡峭的山崖旁有一个男子，他头戴宽边帽，身着利索的紧身衣，腰间隐约别着一把斧头。他左腿紧绷，右腿抬起踏于山石之上，正沿山路攀登。在男子上方，有一只熊正探头下望，挡住男子的去路。画面也许意在表现文明与野蛮的对峙，也许是提醒读者求知路上的艰辛，总之给人留下了丰富的想象空间。画面右边为空白处，没有任何文字，只画出三条短线供藏书人填写相关信息。据此可知，这是一枚通用藏书票。

（叶宪允／文）

书目信息

书名

A Day With Tennyson

《和诗人丁尼生的一天》

作者

Tennyson

丁尼生

出版机构

Hodder & Stoughton Ltd.

哈德尔＆斯托顿公司

出版年

1909

维克多·沙逊藏书票

尺幅 11.3 cm × 8.9 cm

藏书票介绍

　　这枚藏书票为长方形，无栏框，上图下文。票面居中处是一片被编索状的饰带所环绕的草地，草地上方有一只衔着橄榄枝的鸽子，下方有拉丁语铭文"CANDIDE ET CONSTANTER"，意为"无瑕并持久"。图下方印有使用者名"SIR VICTOR SASSOON"及"EX LIBRIS"字样，据此可知票主为民国时期的上海犹太巨商维克多·沙逊。维克多·沙逊（1881—1961），英国海外殖民财阀沙逊家族的后代，世袭准男爵。维克多·沙逊于1923年来到上海，凭借帝国主义在中国的特权与自身的谋划，发展成为上海富甲一方的大商人。众所周知，犹太民族在历史上是一个多灾多难的民族，该藏书票设计中使用了和平鸽与橄榄枝的元素，许是蕴含着票主对和平、安宁的向往与期盼。

（郑晓霞／文）

书目信息

书名

Nijinsky

《尼金斯基》

作者

Romola Nijinsky

罗莫拉·尼金斯基

出版机构

Victor Gollancz Ltd.

维克多·戈兰茨有限公司

出版年

1936

威廉·华盛顿·奈菲特藏书票

尺幅 7. 3 cm × 12. 6 cm

藏书票介绍

　　这幅藏书票为威廉·华盛顿·奈菲特（William Washington Neifert）所有。其主画面描绘的是一匹正驻足而立的骏马。它身躯线条分明，鬃毛短齐，尾巴轻扬，一派神清骨峻的风韵。在乔木、林莽、山峦等远景的衬托下，骏马更显体型高大、精神饱满。在西方文化中，骏马代表着高贵与优雅，这也当是藏书票主人追求的境界。

（李善强／文）

书目信息

书名

The Climates of the United States
《美国的气候》

作者

Robert Decourcy Ward
罗伯特·德库西·沃德

出版机构

Ginn and Company
吉恩出版公司

出版年

1925

沃克藏书票

尺幅 8. 3 cm × 5. 2 cm

藏书票介绍

　　这是一枚通用藏书票。套色木刻的图中绘有树木数株，树身粗壮挺拔，但枝头片叶全无，告诉人们这是一个寒冷的季节。树木背后疏影横斜，富有光影效果。林间一位绅士头戴高礼帽，身穿蓝色礼服立于树旁。他右手拄文明杖，左手持书举到面前，一派专心阅读的模样。图画上方印有"EX LIBRIS"字样，意为"藏书票"。其下有藏书票主人的手写签名，尚能辨识有沃克（Walker）之名。

（韩　进/文）

书目信息

书名
A Boy's Life of General Pershing
《潘兴将军的童年生活》

作者
George Durston
乔泽·达思顿

出版机构
The Saalfield Publishing Company
萨尔菲尔德出版公司

出版年
1919

Hsu Brothers 藏书票

尺幅 7.8 cm × 5.8 cm

藏书票介绍

　　这款藏书票主体是一本展开的书以及书页上一盏点燃的老式油灯。书和油灯的四面被缠绕的葡萄藤蔓包围。葡萄藤蔓之上，叶片交错，硕果累累。中间有一个隐藏的鸢尾花图案。在十四世纪的欧洲，鸢尾花纹章被赋予了基督教的三位一体内涵。油灯上方有两行字：上面是拉丁文书写的 "Ex Libris"，意为藏书票；下面是 "Hsu Brothers"，表明该书是中国徐氏（音）家族兄弟们的共同藏书。

（曾庆雨/文）

书目信息

书名

Education for Efficiency and the New Definition of the Cultivated Man

《教育注重实效：培养人的新定义》

作者

Charles W. Eliot

查尔斯·W·艾略特

出版机构

Houghton Mifflin Company

霍顿·米夫林出版公司

Cambridge University Press

剑桥大学出版社

出版年

1909

亚瑟·T·皮尔森与詹姆斯·赖特藏书票

尺幅 10.4 cm × 11.7 cm

藏书票介绍

这是一枚中型藏书票。票面主体由一幅"信徒钞票"图案与捐赠者签名构成。信徒钞票是一种模拟票据,它是鼓励信众奉献与行善的一种方式。票面正中以大小字体多次变化的英文书写着这样一句话:"My God SHALL SUPPLY ALL YOUR NEED according to his Riches in glory by Christ Jesus"。其大意为:我的神必照他荣耀的丰富,在基督耶稣里使你们一切所需用的都充足。此语取自《圣经》。图案下方印有"With the Christian love of Arthur T. Pierson and James Wright",可知此书来自亚瑟·T·皮尔森和詹姆斯·赖特的诚挚捐献。亚瑟·皮尔森,美国基督教长老会的牧师,基督教领袖,作家,著作丰富。他在詹姆斯·怀特协助下完成了《布里斯托尔的乔治·慕勒和他的祷告》(GEORGE MÜLLER OF BRISTOL AND HIS WITNESS TO A PRAYER-HEARING GOD)一书。这枚藏书票正是粘贴于这一作品之上。

(阎 琳/文)

书目信息

书名

George Müller of Bristol and his Witness to a Prayer-hearing God
《布里斯托尔的乔治·慕勒和他的祷告》

作者

Arthur T. Pierson
亚瑟·T·皮尔森

出版机构

The Baker and Taylor Company
贝克·泰勒出版公司

出版年

1899

叶灵凤藏书票

尺幅 12.0 cm × 8.1 cm

藏书票介绍

这是一幅中等大小的藏书票。主画面是繁花纹饰中一只凤鸟在展翅飞翔。票面中的留白处以红字印有 "Ex libris"、"L. F. Yeh"、"靈鳳藏書"（灵凤藏书）等中英文字样，由此可知这枚藏书票的主人是叶灵凤。叶灵凤（1905—1975），原名叶蕴璞，江苏南京人，民国时期著名的小说家，创造社成员。他在上海生活多年，后移居香港，并病逝于该地。叶灵凤喜欢藏书，爱好版画，对于民国期间藏书票的推广与传播颇有功绩。叶灵凤这幅藏书票花纹绮丽，带有东方气韵，凤鸟的意象也与他名字中的"灵凤"暗合，十分妥帖。该藏书票系出自中国文人自己的制作，年代早，画面华美，在中国藏书票史上颇为引人注目。

(叶宪允/文)

书目信息

书名

Orient Express

《东方特别快车》

作者

John Dos Passos

约翰·多斯·帕索斯

出版机构

Jonathan Cape

乔纳森·凯普出版社

出版年

1928

伊丽莎白·哈特曼·福尔克藏书票

尺幅 10.6 cm × 7.7 cm

藏书票介绍

　　这幅藏书票由哥特式的城堡、仗剑的骑士、扬帆的船只、漆黑的面具、读书的黑猫、行走的修士等形象组成，画面充满奇幻色彩。左下有花押"H. M."，当是藏书票设计者姓名缩写。从藏书票上的文字"EX LIBRIS"、"ELIZABETH HARTMAN FALCK"可知，此藏书票主人是伊丽莎白·哈特曼·福尔克。馆藏图书登记信息显示，1948 年 9 月，伊丽莎白·哈特曼·福尔克小姐将贴有此藏书票的书籍赠与上海圣约翰大学，后为华东师范大学继承。

（韩　进/文）

书目信息

书名

Mysticism and Logic

《神秘主义与逻辑》

作者

Bertrand Russell

伯特兰·罗素

出版机构

W. W. Norton & Company, Inc.

诺顿出版公司

出版年

1929

约翰·里昂·格尔克藏书票

尺幅 9.5 cm × 6.4 cm

藏书票介绍

　　这是一枚带有家族纹章色彩的藏书票。从藏书票右下角用花体英语写就的"John Lyons Glk"（约翰·里昂·格尔克）可知，此票主人属于里昂家族。票面由头盔、盾面和铭文三部分组成。头盔位于票面的最上端，盔顶是一吐舌的狮首。中间的盾面被水平划分为两部分，盾顶以阴影格线为底，绘有向右行进的狮子，并以三朵鸢尾花环绕狮身。盾面下方为一棵枝叶繁茂的大树，象征家族和财富，也象征着生命和力量。下方丝带上印有拉丁语铭文"NOLI IRRITARE LEONES"，意为"不要激怒狮子"，该铭文是里昂家族的座右铭，狮子也是里昂家族纹章中最重要的元素。此幅藏书票传承并延续了西方早期藏书票的设计风格。

（阎　琳/文）

书目信息

书名

The History of the Worthies of England

《英国名人史》

作者

Thomas Fuller

托马斯·富勒

出版机构

Thomas Tegg

托马斯·泰格出版社

出版年

1840

詹姆斯・波特藏书票

尺幅 10.0 cm × 7.3 cm

藏书票介绍

这款藏书票最醒目的部分是一扇西式建筑的尖拱窗,窗上平行线与垂直线分割出十几块玻璃,透过玻璃可见窗外的天光云影。窗台之上,偏右侧竖放着几册书,只能见到书脊,其中一册向左倾斜;偏左侧是一盆颇具东方审美风格的花卉盆景,枝条参差错落,横斜有致。最繁密的一枝伸向右侧,与向左倾斜的书恰好呼应。窗台下面印有拉丁文"EXLIBRIS",意为藏书票。最下面是票主詹姆斯·波特(James H. Pott)的手写签名。他曾经在上海圣约翰大学任教。 1949 年 10 月,他捐赠给圣约翰大学一批书籍,该藏书票也在此时随书归入圣约翰大学图书馆收藏。

(曾庆雨/文)

书目信息

书名

The Blithedale Romance

《福谷传奇》

作者

Nathaniel Hawthorne

纳撒尼尔·霍桑

出版机构

J. M. Dent & Sons, Ltd.

丹特出版公司

E. P. Dutton & Co.

达顿出版公司

出版年

1912

郑相衡藏书票

尺幅 8.0 cm × 13.0 cm

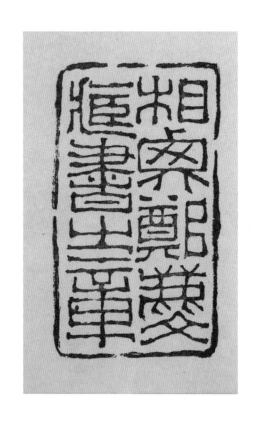

藏书票介绍

这幅藏书票中等大小，构图简洁，没有绘画，甚至也没有图案花纹。长方形的黑框内以篆书之体写有: 相衡郑麐藏书之章。从形制上看，此藏书票或为藏书章印于纸上制作而成。此藏书票的主人郑麐，字相衡，广东人。二十世纪初曾留学欧美，归国后从事翻译、教学等工作，是民国时期在古代历史哲学研究、先秦古籍英译等领域富有成果的学者。郑麐的这幅藏书票兼具藏书章之艺术手法与藏书票之外在形式，反映了在特定历史时期文人学子的"求新而不厌旧"。

（回达强／文）

书目信息

书名

Readings in Political Philosophy

《政治哲学读物》

作者

Francis William Coker

弗朗西斯·威廉·科克

出版机构

The Macmillan Company

麦克米兰出版公司

出版年

1914